ÉTIOLOGIE ET PROPHYLAXIE

DE LA

MYOPIE SCOLAIRE

INFLUENCE DES EXERCICES PHYSIQUES

PAR LE

Dr GEORGES MARTIN

LAURÉAT DE LA FACULTÉ DE MÉDECINE DE PARIS,
DE L'ACADÉMIE DE MÉDECINE ET DE L'ACADÉMIE DES SCIENCES,
OFFICIER D'ACADÉMIE

PARIS	BORDEAUX
LIBRAIRIE G. STEINHEIL	LIBRAIRIE FERET & FILS
2, Rue Casimir-Delavigne, 2	15, Cours de l'Intendance, 15

1894

ÉTIOLOGIE ET PROPHYLAXIE

DE LA

MYOPIE SCOLAIRE

INFLUENCE DES EXERCICES PHYSIQUES

PAR LE

Dr GEORGES MARTIN

LAURÉAT DE LA FACULTÉ DE MÉDECINE DE PARIS,
DE L'ACADÉMIE DE MÉDECINE ET DE L'ACADÉMIE DES SCIENCES,
OFFICIER D'ACADÉMIE

PARIS
LIBRAIRIE G. STEINHEIL
2, Rue Casimir-Delavigne, 2

BORDEAUX
LIBRAIRIE FERET & FILS
15, Cours de l'Intendance, 15

1894

Extrait des *Bulletins et Mémoires de la Société de Médecine et de Chirurgie et du Journal de Médecine de Bordeaux.*

ÉTIOLOGIE ET PROPHYLAXIE
DE
LA MYOPIE SCOLAIRE

INFLUENCE DES EXERCICES PHYSIQUES

On ne naît pas myope, on le devient. L'œil du tout jeune enfant est sensiblement sphérique; c'est tout à fait exceptionnellement qu'il présente la forme ovoïde à grand axe antéro-postérieur caractéristique de la myopie.

C'est là un point mis en lumière par de très nombreux observateurs et qu'il convient de rappeler dès les premières lignes de ce travail. Du temps où l'on croyait que la myopie était un mal congénital, il fallait se croiser les bras et supporter avec résignation l'épreuve infligée. De nos jours, une telle attitude serait coupable; on doit faire en sorte de se préserver des maux évitables, surtout quand leur parfaite bénignité n'est pas notoirement établie et que, au contraire, les méfaits par eux commis ne se comptent plus.

Les divers cas de myopie peuvent être classés en deux grandes catégories :

1° Ceux qui débutent pendant les premières années de la vie;

2° Ceux qui surviennent à partir de sept à huit ans, au moment où les enfants commencent à se livrer à quelques études un peu sérieuses.

Les cas de la première catégorie présentent plus de gravité et atteignent rapidement des degrés plus élevés. Ce sont ceux qui ont fait croire que la myopie était un mal congénital. Leur étiologie est peu connue; on suppose, prenant l'effet pour la cause, qu'ils sont sous la dépendance d'une scléro-choroïdite. Les ophtalmies concomitantes pourraient fort bien constituer, chez les prédisposés, la cause occasionnelle de la myopie. Tantôt on note l'ophtalmie des nouveau-nés, tantôt la kérato-conjonctivite persistante ou récidivante, ou encore un traumatisme du globe oculaire ou d'une région voisine.

Les myopies scolaires sont les plus fréquentes; leur nombre ne fait que s'accroître depuis que l'instruction est devenue obligatoire et qu'un plus grand nombre de jeunes gens suivent les classes de nos établissements d'instruction secondaire. Ce travail sera limité à l'étude causale et prophylactique de cette dernière catégorie de myopie.

Les premiers cas de myopie scolaire se développent, comme je viens de le dire, vers l'âge de 7 à 8 ans. C'est de 8 à 12 ans que se manifeste la majeure partie des cas. A partir de 12 ans, ils deviennent beaucoup moins fréquents; on peut dire, d'une façon générale, que la myopie naît rarement après 15 ans, très rarement après 20 ans et jamais après 25 ans.

Il résulte de très nombreux examens, pratiqués dans les divers pays civilisés sur les yeux de jeunes gens fréquentant les maisons d'instruction de tous les degrés, que le travail scolaire est une des causes des myopies qui surviennent pendant la période des études.

Les faits qui ont le plus contribué à montrer l'influence délétère du travail scolaire sur la portée de la vue sont les suivants :

1° La fréquence de la myopie est en rapport direct avec les exigences des établissements d'instruction; elle croit d'une manière constante des écoles élémentaires aux écoles secondaires et de celles-ci aux écoles supérieures;

2° Le nombre des myopes augmente dans chaque établissement de classe en classe;

3° On rencontre des myopies plus fortes dans les degrés supérieurs de l'enseignement que dans les classes et écoles inférieures.

La fréquence de la myopie est en raison directe du nombre d'heures consacrées au travail scolaire. Les chiffres d'Erismann le prouvent nettement :

Heures de travail	Pourcentage myopique
2	17,7 %
4	29,0 %
6	40,1 %
Au delà	40,8 %

Le tableau suivant est non moins significatif. On y voit figurer, d'une part, les nombres d'heures que les jeunes gens de 10 à 18 ans de trois grandes nations consacrent à l'étude, et, d'autre part, les moyennes des pourcentages de myopie relevés dans les établissements d'instruction secondaire de ces mêmes nations.

	Heures de travail	Pourcentage myopique
Allemagne	20,000	35 %
France	19,000	24 %
Angleterre	16,500	20 %

Dès le principe, les hygiénistes pensèrent que le mal résulte de la contention prolongée des yeux sur les divers objets rapprochés et de petites dimensions qui se trouvent du matin au soir entre les mains des écoliers. Livres et cahiers furent donc justement considérés comme les artisans inconscients de la déformation myopique.

On ne tarda pas à faire fausse route en voulant étudier de plus près le problème et chercher par quel mécanisme le travail sur des objets voisins conduit à cette déformation. Les théories qui se présentèrent à l'esprit parurent très logiques : on les accepta avec empressement. Mais, comme elles étaient en partie inexactes, elles conduisirent à des conceptions causales erronées et à des applications pratiques qui restèrent sans efficacité.

Voici, en quelques mots, le raisonnement que l'on fit : Lorsque les yeux convergent vers un objet rapproché, ils sont tout d'abord tiraillés et comprimés par leurs muscles moteurs; de plus, leurs muscles ciliaires sont le siège de fortes contractions qui viennent associer leurs effets à ceux des muscles moteurs pour produire la déformation myopique.

Ce premier raisonnement devait fatalement engendrer le suivant : Comme les contractions musculaires sont d'autant plus prononcées et, par conséquent, d'autant plus déformantes que l'objet est plus rapproché, il convient pour éviter la myopie d'éloigner le plus possible des yeux les livres et les cahiers.

Alors, sans tarder, on enseigna, avec grande raison d'ailleurs, aux élèves à se tenir distants de l'objet du travail. Et, pour leur faciliter dans toutes circonstances la mise à exécution de cette prescription, on demanda aux architectes beaucoup de lumière, aux administrateurs des bancs appropriés à la taille des enfants, aux éditeurs des livres imprimés en caractères plus gros.

Tout cela était parfait; mais on ne tarda pas à s'écarter de la saine logique en disant que les épidémies de myopie qui sévissaient dans les écoles dépendaient des conditions défectueuses d'éclairage, d'aménagement et de typographie.

Il est hors de doute que chacune de ces conditions, par le seul fait qu'elle conduit au rapprochement, est parfois une cause de myopie. Mais, avant de les considérer comme les *facteurs généraux* de cette maladie, il aurait été important d'établir par des faits scientifiquement observés que, dans une classe, les sujets, mal placés au point de vue de la lumière et des bancs ou ceux qui utilisaient des éditions trop fines, étaient les victimes choisies par la myopie. Il aurait été également utile de faire la contre-épreuve et de montrer que les écoles bien éclairées étaient indemnes, ou à peu près, de myopie.

On négligea de se livrer à ces enquêtes qui auraient dû précéder tout raisonnement et surtout tout acte administratif.

Une telle manière de procéder devait fatalement conduire à des insuccès. Malgré l'arrivée de flots de lumière, les enfants continuèrent à se rapprocher. Ils se rapprochèrent comme par le passé, parce que la cause de leur mauvaise tenue ne dépendait pas des installations qu'on avait cru devoir faire disparaître, mais d'une disposition particulière des sujets. Comme nous le verrons plus loin, chez certains, lors du travail d'application, même dans de bonnes conditions, une crampe ciliaire s'empare des yeux et cette crampe augmente à mesure que l'acte visuel se prolonge ou s'exerce sur des objets plus voisins. C'est la venue de ce spasme qui est le motif de la très grande majorité des rapprochements et des myopies consécutives. Ce spasme survient, bien moins par le fait des conditions défectueuses dans lesquelles s'exécute le travail, que par celui du travail en lui-même et de sa trop longue durée.

Si les causes invoquées avaient été réelles, les modifications apportées dans les écoles auraient déjà donné des résultats évidents. L'expérience remonte à assez longtemps pour permettre de se prononcer ; en effet, un très grand nombre d'améliorations datent de dix, quinze et même vingt ans. Or, si nous jetons les yeux sur les statistiques, que voyons-nous ? De fort minimes changements, sinon le *statu quo*. Certains estiment même que la situation aurait plutôt empiré, idée qui s'expliquerait peut-être par ce fait, que les précautions prises en pure perte ont détourné de pratiques plus ou moins avantageuses.

Je ne citerai que deux faits relatifs à la France, prouvant le peu d'influence qu'ont eu les nouvelles constructions sur le chiffre des myopes.

Nicati a trouvé la proportion relativement élevée de 22,3 % de myopes parmi les élèves du petit Lycée de Marseille, établissement bien construit et bien éclairé. De son côté, Despagnet a rencontré au Collège Rollin, à Paris, 35,5 % de myopes, tandis que la moyenne générale de nos grands lycées est de 24,2 %. Or, le collège en question est établi dans une construction récente où la plus grande somme d'améliorations a été apportée.

C'est avec raison que Forster, en 1885, pensait que les mauvaises conditions hygiéniques de l'école ne sont que des causes adjuvantes de la progression de la myopie. « Ce qui le prouve, dit cet auteur, c'est que, depuis dix ans qu'on a corrigé ces défauts, la proportion des myopes n'a fait qu'augmenter. »

On a souvent critiqué l'édification de nos palais scolaires, pour me servir d'une expression fort à la mode. Je ne saurais m'associer à ces critiques. Si ces constructions n'ont pas eu, au point de vue myopique, l'influence sur laquelle on comptait, elles ont eu l'énorme avantage d'introduire de l'air et de la lumière dans les classes; l'hygiène oculaire et l'hygiène générale n'ont qu'à se féliciter des modifications apportées dans les locaux scolaires.

Il y a quelques années, après avoir constaté l'inefficacité des nouvelles installations, j'eus l'idée d'accuser les malformations astigmatiques des yeux d'être une cause importante de myopie. Je ne rappellerai pas ici les raisons qui me portèrent à soutenir cette étiologie. Qu'il me suffise de dire que je crois encore à l'influence de cette cause et que, si je ne l'admets pas comme capitale, je la range en tête des causes secondaires.

Il y aurait, selon moi, deux facteurs principaux : l'un serait constitué, ainsi que les faits plus haut signalés le montrent, par la contention prolongée des yeux sur des objets rapprochés; l'autre résulterait de l'insuffisance des exercices physiques à laquelle se trouve condamnée la majeure partie de nos écoliers.

Ces deux causes sont sensiblement connexes; l'attention jusqu'ici n'a été attirée que sur la première. Il était fort naturel d'accuser, tout d'abord, le travail oculaire. Cela est si vrai, que la majeure partie de ceux auxquels j'ai communiqué mes idées m'ont demandé comment le second facteur pouvait intervenir dans la genèse de la myopie, tandis qu'ils saisissaient d'emblée le mode d'action du premier. On comprend aisément qu'un acte ait des conséquences; on entrevoit moins facilement comment l'absence d'un phénomène peut agir. Quelques mots suffiront pour montrer les liens de causalité qui unissent l'insuffisance des exercices physiques à la myopie scolaire; mais, auparavant, il nous faut faire connaître les faits qui plaident en faveur de cette étiologie.

Ces faits, je dois le faire remarquer, ont d'autant plus de valeur qu'ils ont été observés et publiés par divers auteurs poursuivant des buts bien différents et tout à fait autres que celui que je vise en ce moment.

Il y a une vingtaine d'années, j'ai lu quelque part que l'équitation est un excellent moyen à opposer au développement de la myopie. Ce conseil, accompagné d'aucun fait de nature à en montrer l'importance et donné par un médecin non spécialiste, fixa mon attention uniquement par son étrangeté. Aujourd'hui, je suis obligé de lui reconnaître une réelle valeur.

Arlt conseillait aux élèves de faire des voyages à pied pendant les vacances; il en avait fait et, au retour, il trouvait une diminution de myopie.

Il n'est pas rare de voir, dans les troupes, la vue de conscrits myopes se fortifier au point de cesser d'être courte.

La myopie, d'après toutes les statistiques, serait plus fréquente dans les collèges et lycées, parmi les internes que chez les externes. Erismann a trouvé, en Russie, chez les élèves internes 42 °/₀ de myopes, chez les externes 25 °/₀; Dor, à Lyon, en a noté chez les premiers 33 °/₀ et chez les seconds 18 °/₀. Certains auteurs estiment que les externes ont plus d'air, plus de mouvements, font plus d'exercices que les internes; c'est pour ces motifs qu'ils seraient moins souvent myopes.

Après avoir rappelé ces faits, ces conseils et ces manières de voir, j'arrive aux véritables preuves. Elles sont au nombre de six.

1º Si l'on recherche le pays qui présente le plus grand nombre de myopies scolaires, on constate que c'est celui où le moins de temps est consacré aux exercices gymnastiques, et, inversement, on remarque que le chiffre le moins élevé de myopes se rencontre chez le peuple qui s'y livre le plus. En Allemagne, où la proportion des myopes dans les établissements d'instruction secondaire atteint la proportion moyenne de 35 %, la totalité des heures de gymnase, pendant les huit années de scolarité, n'arrive qu'au chiffre de 650. Ce chiffre moyen s'élève en Angleterre à 4,500 heures; on n'y signale — on se le rappelle — que 20 % de myopes. Les Français, qui consacrent aux exercices gymnastiques environ 1,300 heures, c'est à dire un temps double de celui des Allemands, mais beaucoup moindre que celui des Anglais, présentent une moyenne myopique inférieure à celle des premiers, mais supérieure à celle des seconds. La moyenne des élèves myopes dans nos lycées est, ainsi que je l'ai déjà dit, de 24 %.

2º Les faits observés par Motais, à l'École des Arts d'Angers et au Prytanée militaire, parlent dans le même sens. Ils témoignent, eux aussi, des heureux effets des exercices physiques sur la myopie. Motais a constaté que, à l'École des Arts d'Angers, la myopie n'augmente pas pendant les trois années de séjour, et que, au Prytanée militaire, elle est inférieure à la moyenne des autres lycées. Il a trouvé, notamment, que la proportion des myopes à la Flèche était en rhétorique et en philosophie de 26 %, tandis que cette proportion atteignait pour ces deux mêmes classes

46 % dans les collèges et lycées du Centre-Ouest de la France. Cependant, fait remarquer le confrère qui nous a signalé ces faits, à l'École des Arts et à la Flèche, les conditions d'hygiène oculaire sont déplorables; mais les études sont d'une heure, une heure et quart au plus, et coupées par des travaux manuels et des exercices physiques très actifs. Il ajoute que, au Prytanée militaire, la moyenne de l'instruction est égale à celle de nos lycées ordinaires.

3° C'est surtout l'essai tenté en Allemagne, à Giessen, qui est instructif. En 1879, le collège de cette ville fut reconstruit et, malgré les grandes améliorations apportées dans les dispositions de l'édifice et dans les aménagements intérieurs, le chiffre de la myopie restait sensiblement le même. En 1881, il était de 27,6 %. En 1884, un décret ministériel rendit impossible le surmenage des élèves. Les travaux d'application furent restreints, l'enseignement n'eut lieu que le matin, interrompu par des récréations assez longues. Dans l'après-midi, les élèves avaient bien quelques devoirs à faire chez eux, mais la durée de ce travail était toujours proportionnée à leur âge : pour les enfants de 6 à 9 ans, il ne devait pas excéder 30 à 40 minutes et pour les jeunes gens de 15 à 18 ans, jamais dépasser 3 heures. Les bienfaits de ce nouvel état de choses ne se firent pas longtemps attendre. Cinq ans après, en 1889, alors que tous les myopes antérieurs à 1884 n'avaient pas encore quitté l'établissement, Van Hippel constata que la proportion des myopes, au lieu d'être de 27,6 %, n'était plus que de 17 %. Il nota également des moyennes myopiques moins élevées, des acuités visuelles meilleures et des complications plus rares.

Van Hippel, après avoir fait remarquer que la réduction des heures de travail ne porta aucune atteinte à l'instruction des élèves qui arrivèrent aux examens parfaitement préparés, se livre aux deux réflexions suivantes :

a. Malgré les meilleures constructions et arrangements intérieurs de l'école, malgré toutes les mesures hygiéniques, un bon nombre d'élèves deviennent myopes à l'école; chez d'autres, la myopie augmente.

b. C'est au moyen de mesures hygiéniques que la fréquence de la myopie peut être diminuée et que, dans la très grande majorité des cas, son degré peut être tenu dans des limites modérées.

4° Chez les jeunes filles qui, ainsi que chacun le sait, s'adonnent à fort peu de mouvements, qui passent souvent leurs récréations à travailler à des ouvrages manuels, à des exercices de piano ou qui se livrent à des jeux d'esprit, la myopie scolaire, à égalité de programme, se montre plus fréquente que chez les garçons. Les chiffres suivants en fournissent la preuve :

	Garçons	Filles
Manz............	6,2 %	7,2 %
Pflüger..........	5,0 %	8,0 %
Hoffmann........	12,0 %	26,6 %
Romiée..........	0,7 %	1,7 %
Romiée..........	2,2 %	5,0 %
Mets............	1,8 %	2,4 %
Florschütz.......	12,0 %	14,0 %
Netoliczka.......	7,0 %	10,5 %
Villy............	32,0 %	54,0 %

En outre, s'il faut en croire diverses recherches, la myopie atteindrait rapidement des degrés plus élevés chez les jeunes filles que chez les jeunes garçons. Widmarck a remarqué que, dans les classes supérieures, les filles étaient plus myopes que les garçons, bien qu'elles missent plus de temps (1 à 2 ans) à l'étude des mêmes matières. Cet observateur a également noté que la moyenne la plus élevée se trouvait dans une école de filles. La statistique de Villy, à Chaux-de-Fonds, nous montre que, dans les classes correspondantes, une moyenne myopique plus élevée s'observe chez les filles.

5° Dans les écoles de la campagne, les élèves, qui mènent une existence plus conforme aux lois de la nature, présentent toujours une proportion beaucoup moindre de myopie que ceux des écoles des villes dont cependant les programmes d'études sont les mêmes.

Les premiers, une fois libres, vivent pour ainsi dire au grand air, jouent presque continuellement et font souvent plusieurs kilomètres pour se rendre à l'école; les seconds, au contraire, sortent de la classe pour aller se renfermer immédiatement dans une chambre étroite où l'air et la lumière manquent souvent. Chez ceux-là, d'après Cohn, le pourcentage de la myopie serait de 1,04 (et même certaines écoles de village en seraient complètement exemptes); chez ceux-ci, la proportion moyenne atteindrait 10,4 %. Cette immunité relative des jeunes campagnards à la myopie scolaire se retrouverait plus tard s'ils poursuivent des études commerciales ou industrielles.

6° Depuis que mes recherches cliniques m'ont montré la présence constante du spasme ciliaire dans toute myopie commençante ou en voie d'évolution, depuis que mes lectures m'ont appris que les exercices physiques contribuent à abaisser la proportion des myopes, je n'ai laissé passer aucune occasion de recourir à ces exercices pour mettre à la porte tout spasme myopique voulant s'installer ou déjà installé dans un œil.

Or, depuis trois ans que j'agis de la sorte, je ne me rappelle pas avoir échoué chez aucun de mes jeunes malades. Dans ce laps de temps, j'ai préservé une vingtaine d'élèves d'une myopie sûrement menaçante. J'en aurais préservé un plus grand nombre, si tous les parents eussent consenti à l'application de mes idées. Ce sont particulièrement ceux qui sont myopes qui s'y refusent. Imbus de l'idée de l'hérédité myopique, ils ne comprennent pas comment le moyen proposé puisse agir à titre prophylactique. A la vérité, la myopie est souvent héréditaire; mais, bien que telle, elle est néanmoins encore évitable dans certaines circonstances. Ce que les parents transmettent aux enfants, ce n'est pas une conformation spéciale de l'œil qui les conduit à la myopie, mais tout simplement leur tempérament, leur nervosité, leur disposition au spasme et, ajoutons-le, leurs habitudes.

Quand je veux faire disparaître un spasme myopique existant depuis peu de temps, j'ai recours, selon l'usage général, à l'atropine dont la cure se prolonge pendant une ou plusieurs semaines. Ce traitement ne permet pas aux enfants de faire des devoirs; j'en profite pour les envoyer au gymnase ou à la salle d'escrime et pour leur prescrire de longues promenades. Quand le spasme est guéri, je cesse l'atropine, je corrige l'astigmatisme s'il en existe, et, tout en rendant l'enfant à ses études, j'ai le soin de lui faire continuer les exercices physiques. En procédant de la sorte, je ne vois plus ces rechutes de spasmes myopiques que je constatais assez souvent autrefois, quand je croyais que le seul devoir incombant au médecin était de triompher de la myopie dynamique. Tout spasme est la manifestation d'un état général particulier; il faut combattre le phénomène local, et, en plus, la prédisposition constitutionnelle qui souvent survit longtemps aux symptômes révélateurs.

Tels sont les six ordres de faits prouvant l'influence des exercices physiques dans la prophylaxie de la myopie scolaire. Tous n'ont pas la même valeur; mais ceux qui en ont moins en acquièrent par le voisinage des plus probants, et les critiques qui pourraient être formulées à l'égard de certains tombent si l'on tient compte de l'enseignement contenu dans les autres. Ainsi, au sujet des différences dans les pourcentages myopiques que nous offrent les gymnases et collèges d'Allemagne et d'Angleterre, différences que nous attribuons au grand écart dans les nombres d'heures consacrées aux exercices physiques, des confrères pourraient n'y voir qu'une question de race. Sans nier l'influence de ce facteur, je ferai remarquer que les caractéristiques des peuples dépendent souvent de leurs habitudes et j'ajouterai que, si la plus grande fréquence de la myopie en Allemagne résultait uniquement d'une prédisposition inhérente à la race, les modifications apportées au Collège de Giessen auraient été incapables de faire passer de 27,6 % à 17 % le nombre des myopes.

D'autre part, on peut dire que les chiffres recueillis à Giessen montrent plutôt l'influence heureuse des exercices physiques que celle du travail réduit. A la vérité, les mesures prises dans ce collège consistent plus en une diminution des heures de travail qu'en une augmentation de celles consacrées aux exercices physiques. En effet, le nouveau règlement ne parle que de deux heures de gymnastique par semaine. Mais il est hors de doute que, si la totalité des moments laissés libres par le travail scolaire n'est pas employée à des exercices corporels, une grande partie l'est sûrement; on ne comprend pas que des enfants inoccupés ne se livrent pas à des marches, à des mouvements, à des jeux de leur âge. De plus, je l'ai indiqué plus haut, l'enseignement du matin est interrompu par des récréations assez longues. Si le rôle des jeux, à Giessen, peut à la rigueur être discuté, ce qu'on observe à la Flèche prouve surabondamment l'influence des exercices corporels; c'est sûrement à l'importance de ces exercices qu'est due la faible proportion des myopes.

L'observation clinique montre d'une façon évidente que les victimes de la myopie sont tout spécialement les sujets dont la santé laisse à désirer. Dès lors, on comprend que les exercices physiques, modificateurs puissants de l'organisme, agissent efficacement pour prévenir le mal. Le parfait équilibre de la santé qu'assurent les jeux, l'escrime, la gymnastique, etc., ne permet pas aux spasmes myopiques de se produire. Un enfant a beau travailler outre mesure sur des objets rapprochés, ses muscles ciliaires ne sauraient être le siège de spasmes si son système musculaire est préalablement tonifié par l'exercice physique qui est le meilleur de tous les toniques. C'est ce qui explique pourquoi tous les écoliers, même ceux qui travaillent à un éclairage insuffisant, ne deviennent pas myopes. C'est un fait certain que les sujets dont la vue se raccourcit sous l'influence du travail scolaire, ne jouissent pas de la plénitude de la santé. Ils peuvent ne pas fréquenter l'infirmerie, effectuer leur besogne quotidienne sans interruption, être les premiers de leur classe, etc. Mais, il faut se le rappeler, tout cela n'est pas le réactif de la parfaite santé. Si l'on scrute bien, on trouve, chez les candidats à la myopie ou les jeunes myopes dont la maladie évolue, des symptômes n'attirant pas l'attention des parents, mais dénotant au médecin que tout ne se passe pas régulièrement dans ces jeunes organismes. Du reste, c'est un fait que j'ai fréquemment constaté, la myopie profite bien souvent pour s'installer de la convalescence de maladies graves. J'ai également observé que plus le myope est faible de constitution, plus sa myopie marche avec rapidité.

L'influence de l'état général sur le développement de la myopie n'a été signalée que par peu d'auteurs. Mais ceux qui en parlent, le font en termes très explicites.

C'est ainsi que l'on trouve sous la plume de Landolt les lignes suivantes : « Qu'on examine l'état de nutrition d'individus atteints de myopie et on reconnaîtra très souvent, comme cause, une constitution défectueuse et débile, non seulement chez l'individu, mais encore et surtout dans la race. »

Le praticien qui, à notre connaissance, a le plus insisté sur cette question est notre excellent confrère le Dr Gillet de Grandmont. En 1891, à la Société d'Ophtalmologie de Paris, il disait : « Je tiens à signaler l'un des facteurs de la myopie qui me semble beaucoup trop négligé jusqu'à ce jour dans les recherches étiologiques de cette affection. C'est la déchéance organique qui est indispensable à la production des ectasies scléro-choroïdiennes. Depuis longtemps ces recherches ont fait l'objet de mes études et j'ai utilisé pour cela trois institutions de jeunes filles où les enfants entrent sensiblement au même âge, demeurent le même laps de temps, font à peu près les mêmes études, suivent à peu de chose près le même régime et observent les mêmes règles scolaires.

» Mais chacune de ces institutions est fréquentée

par des enfants de conditions différentes. La première reçoit des jeunes filles de la classe élevée de la société, la seconde des jeunes filles de la classe moyenne et la troisième institution reçoit des jeunes filles d'une condition au-dessous de la moyenne.

» Pour donner, dans votre esprit, plus de précision à la classification un peu arbitraire que je viens d'exposer, mettons, si vous le voulez bien, que les premières jeunes filles soient les enfants d'officiers supérieurs auxquelles les nécessités de la vie auraient peu ou point manqué, les secondes seraient les filles de capitaines qui auraient eu parfois à souffrir des privations, et les troisièmes seraient les filles de sous-officiers qui auraient souvent vécu de privations; eh bien! si l'on fait un relevé de la myopie dans ces trois institutions, on trouve que la statistique donne 7 % de myopes dans la première, 14 % dans la seconde et 25 % dans la troisième.

» Si l'on pousse plus loin les investigations, on apprendra que, dans la première institution, les études intellectuelles sont plus étendues que dans la deuxième et la troisième, où l'instruction manuelle prend une bonne part du temps; que les conditions d'éclairage sont sensiblement les mêmes partout; mais, par contre, que les enfants de la troisième catégorie sont le plus souvent nées de parents âgés et maladifs, qu'elles ont souffert en bas âge, qu'elles portent d'ailleurs les traces du lymphatisme.

» N'est-ce pas là un témoignage éclatant en faveur de cette thèse que la déchéance organique entre comme facteur de la plus haute importance dans la production de la myopie progressive avec staphylôme postérieur?

» J'ai fait les mêmes recherches étiologiques dans

mes cliniques et je suis toujours arrivé aux mêmes conclusions.

» En quoi cela pourrait-il d'ailleurs nous surprendre? Ne sait-on pas depuis longtemps que certaines kératites sont l'une des manifestations du lymphatisme; que ces kératites sont celles qui donnent les taies les plus épaisses et qu'enfin les taies amènent le plus souvent l'ectasie postérieure de la sclérotique (1)?

» Je conclurai donc qu'en dehors des conditions de bon éclairage, de bon mobilier scolaire que nous devons réclamer pour les écoles, il importe de porter nos études sur les moyens les plus propres à relever l'organisme débilité de l'enfant pour nous mettre à l'abri du progrès de la myopie. »

Le Dr Gillet de Grandmont demande des études afin de rechercher les moyens capables de relever l'organisme et de préserver de la myopie. Je pense que les faits accumulés dans ce travail lui montreront que les moyens véritablement les plus propices pour atteindre ce double but résident dans une bonne éducation physique, bien plus puissante pour refaire les organismes et écarter les prédispositions que l'huile de foie de morue et les sirops fortifiants.

Notre confrère, après avoir vu dans la myopie les effets indéniables d'une déchéance organique, ne m'aurait pas laissé la satisfaction de montrer le remède efficace, s'il avait eu les mêmes idées que moi sur le mécanisme producteur de la myopie. Il ne fait pas jouer au spasme myopique le rôle initial dans la

---

(1) Gillet de Grandmont suppose, avec la plupart des auteurs, que les taies conduisent à la myopie par le rapprochement qu'elles provoquent. Je pense autrement : c'est la kératite antérieure à la taie qui, en faisant naître le spasme myopique, engendre la déformation ectatique.

dilatation ectatique du globe de l'œil chez le myope. Il en résulte qu'il ne pouvait aller à la recherche des moyens pour prévenir ce spasme.. Selon notre confrère, en effet, la déchéance organique aurait pour conséquence de porter un trouble dans l'organisation de la coque oculaire. « Si la sclérotique, dit-il, n'avait point perdu ses éléments calcaires, il lui serait impossible de se dissoudre comme elle le fait dans la production du staphylôme postérieur. »

C'est là, je dois le faire remarquer, une idée absolument théorique, non vérifiée par aucune analyse chimique, tandis que le spasme myopique est un phénomène dont la clinique nous montre la présence au début et pendant la période d'évolution de toute myopie scolaire. Dans un livre sur la matière, en voie de publication à la librairie Rueff *(Myopie, Hypéropie, Astigmatisme)*, j'ai insisté sur la constance du phénomène morbide et sur son intensité qui atteint parfois des chiffres dioptriques plus élevés que ceux signalés par les auteurs.

Les confrères qui pensent encore que l'œil myope porte en lui une prédisposition anatomique spéciale, le rendant plus apte à céder aux pressions et tractions musculaires, comprendront difficilement comment des exercices physiques peuvent éloigner la myopie. A dire vrai, ceux qui admettent une telle prédisposition deviennent chaque jour plus rares.

L'idée de V. Ammon, que l'ectasie staphylomateuse dépendrait d'une fermeture incomplète de la fente sclérolicale, n'est acceptée à l'heure actuelle que par fort peu d'oculistes.

La théorie de l'insuffisance interne des muscles de l'œil, soutenue avec ardeur par Giraud-Teulon, est passible de diverses objections. Cette insuffisance a pour résultat de rendre difficile l'acte de la convergence et oblige le sujet à se rapprocher beaucoup de l'objet du travail. Si la convergence était réellement une cause de myopie, celle-ci devrait se rencontrer fréquemment dans le strabisme interne. Or chacun sait que l'association de ces deux phénomènes morbides est fort rare. De plus, comment expliquer les myopies qui surviennent dans les cas de vision monolatérale où la convergence n'est pas utilisée?

L'opinion de Stilling, qui fait consister la prédisposition dans un abaissement de la voûte orbitaire et dans un enroulement plus étendu du muscle grand oblique sur le globe de l'œil — ce qui serait l'origine d'une compression anormale — cette opinion est combattue par Weiss et surtout par Schmidt-Rimpler. Ce dernier a trouvé que la moyenne de l'ouverture orbitaire est plus élevée chez les myopes que chez les autres sujets.

Parmi les hypothèses ayant des adeptes, reste celle de Weiss qui place la prédisposition dans une brièveté du nerf optique. Lorsque ce nerf est trop court, il est tiraillé dans l'acte de la convergence et tiraille à son tour le globe de l'œil qui s'allongerait peu à peu. Weiss, au lieu de nous montrer les variations de longueur du nerf optique d'une façon générale, aurait dû nous signaler sa brièveté particulièrement chez les myopes.

Bien d'autres critiques ont été formulées à l'égard de ces diverses théories. Je n'insiste pas. La théorie spasmodique de Schiess, de Hosk, de Chisolm n'a été l'objet que d'un seul reproche qui n'existe plus maintenant. Les premières recherches avaient fait croire que le spasme n'existait que dans les trois quarts environ des cas. A l'heure actuelle, où l'on sait que le spasme est constant, cette théorie s'adresse à l'universalité des cas de myopie, aux légers aussi bien qu'aux graves, à ceux évoluant lentement ou au contraire rapidement, à ceux des lettrés comme à ceux des illettrés, aux cas spontanés et aux cas provoqués par une kératite ou par un traumatisme, aux myopies bilatérales comme aux monolatérales, à celles survenant chez les borgnes et chez les sujets qui jouissent de la vision binoculaire, à celles s'observant dans les cas d'aphakie aussi bien que dans les yeux pourvus de cristallin.

Les faits cités plus haut ne donnent pas la mesure de ce que la prophylaxie de la myopie doit attendre des exercices. Ces faits figurent dans ce travail uniquement pour indiquer que la voie où je voudrais voir l'hygiène s'engager est sûre et capable de conduire au but.

Il est évident que, si la nouvelle organisation du Collège de Giessen, tout imparfaite qu'elle est au point de vue de l'éducation physique, a suffi pour faire tomber, au bout de cinq ans, dans la proportion de plus d'un tiers le chiffre des myopes, des résultats plus sérieux couronneront des tentatives exécutées avec méthode. En effet, autre chose est de se promener ou de s'occuper à de petits jeux, autre chose est de faire de la gymnastique, de l'escrime, du vélocipède, de l'équitation, etc. Dans un cas, on maintient un état de santé plus ou moins chancelant, dans l'autre, on tonifie les muscles et l'on assure le parfait fonctionnement de tous les organes.

Si les établissements d'instruction secondaire de l'Angleterre, avec leurs 4,500 heures de gymnase, ont encore 20 % de myopes, cela tient à diverses causes. La première, à ce que, pour l'écolier anglais, la période d'instruction forcée *(grammar school)* s'étend de 8 à 12 ans, tandis que la période comprise entre 13 et 17 ans *(high school)* est celle de l'éducation par le jeu et la vie en commun. Le coup de collier est donc donné, en Angleterre, juste au moment où la myopie a le plus de tendance à se montrer. En second lieu, le chiffre de 20 % de myopes s'explique très vraisemblablement par ce fait que les exercices physiques sont commencés trop tard et les premières leçons de lecture et d'écriture données, comme en France, trop de bonne heure. C'est là un point qui a une très grande importance.

Il ne suffit pas de faire faire de l'exercice aux élèves des deux sexes aussitôt qu'ils fréquentent les maisons d'instruction. Il convient de ne pas les admettre dans ces établissements avant un certain âge, et, ce qui revient au même, à ne pas commencer trop tôt dans les familles à les faire lire et écrire. J'aborde ici le point le plus délicat, celui au sujet duquel les parents sont moins disposés à faire des concessions. Ils y viendront néanmoins, un jour, quand ils auront compris qu'il ne faut rien précipiter chez l'enfant et qu'une éducation physique assez avancée doit précéder toute ébauche d'instruction intellectuelle.

Javal, dont tout le monde connaît la grande compétence en hygiène scolaire, après avoir examiné les yeux de 525 élèves d'une belle école libre de Paris, où les conditions d'éclairage des classes et la disposition des bancs et des tables sont d'une perfection vraiment exceptionnelle, a partagé les enfants de chaque classe en deux catégories d'égal nombre, comprenant, d'une part, les plus jeunes, et, d'autre part, les plus âgés. Il s'est trouvé ceci : que dans les petites classes, le plus grand nombre des myopes appartenait à la moitié la plus jeune.

J'ai fait la même remarque par deux fois différentes,

à la suite d'examens visuels pratiqués chez de jeunes écoliers. Dans une classe de 46 élèves (âge moyen 9 ans), 10,8 % étaient myopes; 60 % de ces myopes se trouvaient dans la moitié la moins âgée, avec une moyenne myopique de 2 D.; dans l'autre moitié, celle-ci n'atteignait que 1,25 D. Dans la seconde classe (âge moyen 8 ans), il y avait 52 élèves dont 7,6 % étaient myopes. Les trois quarts de ces derniers figuraient dans la moitié la plus jeune avec une moyenne myopique de 2,25 D.; la myopie de l'autre moitié avait pour moyenne 1,75 D.

Le Dr Vignes, dans la communication qu'il fit, en 1891, à la Société d'Ophtalmologie de Paris, relative aux examens pratiqués par lui dans deux écoles, signale la même particularité. « Il découle de mes observations, dit ce distingué confrère, que dans une même classe, les élèves plus âgés que la moyenne de leurs camarades, ceux, en d'autres termes, dont l'instruction a été retardée, soit volontairement au début, soit par leur peu d'aptitude, ont présenté une réfraction de chiffre inférieure à celle de leurs camarades. »

Ne trouve-t-on pas dans ces divers résultats la preuve évidente qu'il ne faut pas donner trop tôt les premières leçons?

Jusqu'à sept ans révolus, il serait à désirer que les enfants ne touchassent ni livres ni plumes. C'est un vœu qui a déjà été formulé par plusieurs spécialistes. Il serait également à souhaiter, tenant compte des faits que je viens d'exposer, que jusqu'à cet âge les soins des maîtres et des parents soient beaucoup moins dirigés du côté de l'instruction. Les écoles maternelles, enfantines et les salles d'asile devraient, pour ainsi dire, borner leur rôle à donner aux enfants l'éducation physique appropriée à leur âge. Ce sera le meilleur moyen de détourner d'eux la myopie et les diverses autres maladies engendrées par le surmenage pendant la seconde enfance et l'adolescence. On les préparera ainsi à supporter le mieux possible la longue épreuve scolaire, bien contraire au parfait développement de leur organisme. Si à partir de huit ans le grand souci est de meubler l'intelligence, avant cet âge presque tous les soins doivent être donnés au corps, qu'il importe de rendre fort et robuste.

Si nos enfants, à huit ans, avant leur entrée à l'école, sont déjà habitués aux exercices méthodiques, s'ils se livrent, pendant leur séjour dans les pensions, collèges et lycées, à des jeux divers et animés, nous ne serons plus exposés à lire des phrases telles que celle que je viens de trouver sous la plume d'un écrivain français, dans un livre très apprécié sur l'éducation physique en Angleterre : « Ce qui frappe au premier coup d'œil, dit Pierre de Coubertin, en parlant des élèves du grand Collège d'Harrow, c'est l'expression calme, paisible qui rayonne sur tous ces fronts; on ne voit pas de ces figures chiffonnées et presque flétries qui abondent dans nos écoles; ici, c'est la santé débordante et la grâce qui donne la vigueur. »

Il est donc à désirer que de sérieuses modifications soient apportées au règlement de nos divers établissements d'instruction. Depuis déjà longtemps, les oculistes de presque tous les pays demandent de fréquentes interruptions dans le travail, de manière à permettre aux muscles de la convergence et de l'accommodation de se détendre. Ce n'est pas assez demander : il faut que les heures d'études soient diminuées, que celles des récréations soient allongées, afin que les élèves aient le temps de se livrer à la somme des exercices physiques qui, en assurant le parfait fonctionnement de l'organisme, les préservent de la myopie.

En résumé, il résulte de faits observés avec soin :

1° Que, dans les écoles, la fréquence de la myopie est en raison inverse du temps réservé aux exercices physiques ;

2° Que le degré moyen de la myopie s'abaisse et que les complications diminuent dans les établissements où un plus long temps est consacré aux promenades, jeux, mouvements divers ;

3° Que la myopie scolaire s'arrête fréquemment dans son évolution chez les jeunes gens qui se livrent à de fréquents exercices physiques ;

4° Que chez les jeunes filles, qui s'adonnent à fort peu de mouvements, la myopie scolaire, dans les mêmes conditions de travail, se présente plus fréquente et plus forte que chez les garçons ;

5° Que, dans les écoles de la campagne, les sujets, qui mènent une existence plus conforme aux lois de la nature, présentent toujours une prédisposition beaucoup moindre à la myopie que ceux des écoles des villes dont cependant les programmes d'études sont les mêmes ;

6° Que le meilleur moyen de prévenir le retour du spasme myopique, précurseur d'une véritable myopie, est de prescrire des exercices physiques méthodiques ;

7° Qu'enfin, la plus jeune moitié des élèves des classes élémentaires contient un nombre beaucoup plus grand de myopes que la moitié plus âgée, preuve des mauvais effets sur la portée de la vue d'une instruction trop hâtive.

Après avoir signalé ces divers faits au Congrès national de l'éducation physique, tenu en notre ville ces jours derniers, j'ai proposé les vœux suivants qui ont été adoptés à l'unanimité :

1° Que les heures consacrées au travail soient réduites dans une notable proportion et que le temps devenu ainsi libre soit effectivement consacré à des exercices corporels obligatoires;

2° Que des programmes d'une éducation physique réellement profitable soient préparés pour les établissements de divers degrés de jeunes filles;

3° Que les écoles maternelles, enfantines et salles d'asile ne s'occupent presque uniquement que de l'éducation physique des enfants et que, dans ces écoles, les premiers éléments de l'instruction soient donnés oralement, sans livres ni cahiers;

4° Que l'enseignement des matières des programmes de l'enseignement primaire et des classes élémentaires des collèges et lycées ne soit donné qu'aux enfants ayant au moins sept ans révolus.

Bordeaux — Imp. G. GOUNOUILHOU, rue Guiraude, 11.

www.ingramcontent.com/pod-product-compliance
Lightning Source LLC
Chambersburg PA
CBHW060915050426
42453CB00010B/1744